GALERIE POLITIQUE.

QUELQUES TABLEAUX DE GENRE.

LE DÉPUTÉ.

GALERIE POLITIQUE.

QUELQUES TABLEAUX DE GENRE.

LE DÉPUTÉ.

LE DÉPUTÉ.

Le Député dont tout le monde parle, dont l'enfantement
est si laborieux et si solennel, dont les actes ont une telle influence sur nos destinées, est pourtant, en général, peu connu
et assez mal jugé.

Les leudes et les vassaux des champs de mars et de mai,
représentaient assez fidèlement la nation féodale et encore
demi-barbare de ces temps où les serfs ne comptaient pas
comme hommes.

Le clerc, le gentilhomme et le bourgeois des États-Géné-
raux offraient les types des trois espèces de Français d'alors :
le prêtre et le noble qui dominaient et recueillaient; le vilain,
que l'on n'appelait que pour payer.

Le membre de l'assemblée de 1789 était bien l'image du
grand peuple qui s'agitait pour s'organiser ; inquiet et incer-
tain dans sa marche, mais ferme et constant dans son but, la
régénération.

Muet et docile, le corps législatif de l'Empire était l'expression assez vraie, sinon l'organe, de cette nation capri-
cieuse et indocile qui trop souvent s'est montrée souple au
despotisme vigoureux et hardi, rétive à la douceur et à la
bonté.

Le Député du XIXe siècle, création de notre civilisation quin-
tessenciée, représente aussi la nation ; mais il est le produit de
bien des élémens divers. L'âge d'éligibilité a été fixéà peu près
à l'époque que l'on est convenu de regarder comme l'âge de raison; les conditions ont été rendues assez faciles; on n'exige pas
même du législateur le certificat de capacité ou l'examen qui

sont indispensables pour devenir bachelier, pharmacien ou avoué. Créateur tout-puissant, l'électeur fait le député à son image. Il en résulte que ces élus de notre société en reproduisent assez fidèlement toutes les nuances; ce qui forme un ensemble varié, pittoresque, mais non pas un type original et caractérisé dont chaque individu puisse être reconnu à des signes certains, à l'empreinte d'un timbre uniforme.

D'ailleurs, sur ce titre imposant de législateur, on s'attend à voir un personnage grave et austère, qui rappelle Solon ou Cicéron, Colbert ou d'Aguesseau ; un homme froid, sérieux, préparé par de longues études à la plus difficile de toutes les fonctions ; méditant beaucoup, parlant peu ; de rares cheveux qui déjà blanchissent couvrent à peine son front sillonné par la pensée bien plus que par les années ; sa tenue, quoiqu'assurée, n'est ni doctorale ni impérieuse, car, en s'instruisant, il a appris à douter. L'imagination se représente une assemblée de pareils sages, toujours calme, attentive, silencieuse; ne croyant jamais avoir assez approfondi les lois qu'ils vont imposer à leurs concitoyens; sans cesse en garde contre leurs propres préventions, contre toute influence, contre tout esprit de parti, et s'oubliant eux-mêmes pour ne songer qu'à la patrie.

Les originaux de ce portrait idéal seraient fort respectables sans doute, mais froids, sans couleur, dénués de tout intérêt pittoresque et dramatique ; en un mot très-constitutionnellement ennuyeux.

Les représentans de la nation française n'ont point cet aspect sombre et sévère. Ils ne manquent nullement de dignité, car ils ont, et c'est même le seul trait caractéristique et à peu près général qui les distingue, un grand à-plomb, une grande confiance en eux-mêmes, une conviction intime de leur propre importance ainsi que du mérite et du talent qui sont descendus en eux par l'imposition des mains électorales. Ce noble sentiment, qui double les facultés de l'homme, accompagne en tous lieux l'élu d'un arrondissement. Du reste, ce sont des hommes ordinaires, de simples mortels, qui vivent, agissent, s'habillent, marchent et parlent comme nous.

Voyez-les dans le monde. Vous y rencontrez souvent des avocats, des médecins, d'honnêtes négocians, de bons propriétaires, qui discutent avec assurance et autorité, qui tranchent hardiment les questions sociales et politiques les plus élevées et les plus délicates ; qui prononcent sur les constitutions, sur le sort des états, sur la paix et la guerre, plus magistralement que les publicistes les plus expérimentés, que des Grotius ou des Montesquieu : ce sont des députés qui font sur nous l'essai de leur génie et de leur faconde.

Dans quelques salons privilégiés, hôtels de Rambouillet de la politique, on rencontre à la fois plusieurs des sommités de la Chambre élective. Ils s'abordent, se congratulent avec une mutuelle affabilité, et montrent beaucoup plus de tenue que les augures de Rome. Le vulgaire, ceux qui n'ont jamais vu deux avocats adverses dîner ensemble après des plaidoiries animées, les regardent avec admiration, et vantent partout leur modération, leur esprit tolérant et conciliateur.

Il est près de sept heures, et l'on ne sert pas encore ; l'impatience commence à gagner les convives : enfin un jeune homme d'une trentaine d'années, barbe en collier, mise élégante et gants jaunes, entre précipitamment, mais sans façon et sans gêne. — « Vous aurais-je fait attendre, Madame ? J'en serais désolé ; mais, aujourd'hui, impossible de s'échapper ; il était à craindre que l'on ne volât ce soir, et plusieurs des nôtres étaient absens. Heureusement C.... a tenu la tribune plus d'une heure, et a si bien renoué la question, que le vote est renvoyé à demain. Il a été charmant d'esprit et de finesse ! Les hommes d'affaires font bâiller ; lui fait rire ou murmurer, applaudir ou huer à volonté. C'était fort amusant : je vous conterai cela après dîner. » Ce jeune homme est un de nos législateurs.

Entendez-vous ce jeune enthousiaste qui déclame avec tant d'amertume contre les priviléges et les prétentions aristocratiques, et réclame sans cesse l'égalité avec une verve presque républicaine ? C'est un des députés les plus chaleureux de la gauche : homme bien élevé, de bon ton, d'excellentes manières, et qui quitterait son sellier ou chasserait son valet de chambre, s'ils oubliaient de l'appeler : Monsieur le comte !...

« En vérité, marquis, je ne vous conçois pas ! disait à l'un de ses vieux amis une vénérable douairière du faubourg Saint-Germain. Quoi ! vous vous faites élire à cette chambre de réprouvés ? vous y faites alliance avec la gauche ? vous y donnez des poignées de main aux Jacobins ? — Eh bien, chère vicomtesse ? — Et notre Roi légitime ? — Si nous ne pouvons le faire rentrer par la porte, renversons la muraille. — Et le serment à Philippe ? — Je n'ai fait que le prêter. »

Voilà le député tel qu'on le rencontre souvent dans le monde. Quant aux salons et aux cabinets des ministres, il est un certain nombre d'honorables qui les fréquentent très-assidûment. Je ne vous dirai pas ce qu'ils y font, parce que je n'y vais pas. Ils y traitent certainement les intérêts de leurs arrondissemens.

Voulez-vous voir le Député chez lui? Vous, qui enviez ses splendeurs, vous verrez que sa brillante mission a ses peines et ses fatigues ; non qu'il doive méditer et pâlir dans la retraite sur les projets de loi, les rapports, les budgets et les comptes ; cela convient tout au plus aux novices ou aux esprits bornés, qui se noient dans les détails : un homme politique ne s'arrête point à ces minuties. Voyez ces monceaux de bulletins de lois, de pétitions, de documens de tout format et de toute couleur qui encombrent les tables, qui s'élèvent en pyramide sur le plancher. Intacts et vierges de toute lecture, ils y attendent la fin de la session. Alors le valet de chambre, qui en connaît le prix, aura bien soin de les recueillir. La vie d'un homme ne suffirait pas à lire la moitié de ces publications, et le Député a bien d'autres choses à faire ! Dès le matin, même avant son réveil, sa porte est assiégée par vingt personnes, qui viennent requérir ses bons offices ; et il n'y a point à éluder, à s'échapper, à se céler : ce sont des *pays*, des électeurs, des parens d'électeurs ; leur Député leur appartient corps et âme ; ils ont titre et hypothèque sur lui. Le jour où eux et leurs amis lui ont accordé leurs voix, il s'est passé entre eux et lui uu contrat synallagmatique tacite, mais impérieux, en vertu duquel il s'est constitué leur mandataire, leur homme d'affaires, leur solliciteur breveté. Il faut apostiller et remettre soi-même leurs pétitions ; si quelqu'un d'entre eux a une mauvaise affaire, il faut l'en tirer. Ils veulent des faveurs, des concessions, des priviléges, des décorations, des bourses, des emplois de toute nature : il faut les solliciter pour eux. Cinq personnes vous demandent la même place ; si vous l'obtenez, vous ferez quatre mécontens et un ingrat. Ce que l'on demande est contraire aux réglemens, à la justice et aux lois ? Ils vous répondent que, dans votre haute position, avec le crédit qu'elle vous assure, vous n'en obtiendrez pas moins la chose, si vous le voulez. Vous objectez que vous êtes de l'opposition ? Ils vous citeront cent exemples de membres de l'opposition qui savent cependant obtenir un bon nombre de faveurs. Que sera-ce si le Député, naguère membre d'une opposition qui s'est glissée en partie au pouvoir, est sommé de tenir les promesses qu'il avait faites alors pour le jour de la victoire ! Point de refus, point d'hésitations, point de subterfuges ; il faut satisfaire à toutes ces exigences : il le faut pour son propre repos, si repos il peut y avoir ; car il est tel de ces commettans qui, sollicitant avec une inébranlable ténacité une

chose impossible, devient pour *son* Député une sorte de cau-
chemar, quelque chose de semblable au fantôme persécuteur
d'Athénodore, au son du cor de Ruy Gomez, portant à Her-
nani la sommation fatale.

Cette audience, dans laquelle, contre l'ordinaire, ce n'est
pas le solliciteur qui joue le rôle de patient, se termine enfin.
Le député dejeûne à la hâte et se met en campagne pour le
service de ses commettants. Quêteur exigeant, il court d'un
ministère à l'autre.— M. un tel, député ! — A ce nom magi-
que, toutes les portes s'ouvrent ; les Cerbères préposés à la
garde des bureaux et des cabinets s'inclinent avec respect ;
les chefs et les employés qu'il fatigue chaque jour de ses re-
cherches et de ses recommandations, le donnent au diable avec
le plus obligeant sourire.

La séance est indiquée pour midi ; il n'est qu'une heure : il
a encore le temps d'aller, pour le service de ses chers électeurs, voir leurs enfants au collége , surveiller leurs fils qui
font leur cours de droit ou de médecine au Palais-Royal, ou
dans les magasins de modes ; faire les emplettes des dames
notables de l'arrondissement, etc., etc. Sa course du matin
est achevée.

Deux heures vont sonner. Suivons le représentant de la
nation sur le grand théâtre de sa puissance et de sa gloire.
Vers cette heure , on voit affluer les législateurs aux abords
du Palais-Bourbon. Arrêtons-nous un instant sur ce pont que
l'on appelle, probablement par antiphrase, le pont de la Con-
corde. Ceux qui n'ont pas gagné 50 ou 60,000 francs de ren-
te à prêcher l'égalité, à défendre la veuve et l'orphelin, ou à
gérer les affaires publiques, arrivent à pied, comme de vrais
spartiates. Les uns se concertent en chemin sur les embarras
du gouvernement, sur la tactique de leur parti, calculent les
chances du ministère ; en voici un qui relit en marchant le
discours ou le rapport qu'il a fait revoir par un correcteur
habile ; un autre, parlant seul et gesticulant de temps à autre, répète, pour la vingtième fois, l'improvisation qu'il doit
prononcer aujourd'hui ; quelques uns baillent d'avance.
Tous sont reconnaissables à cet air de noble assurance na-
turel aux arbitres des destinées d'un grand peuple.

Entrons dans la salle. Au premier coup-d'œil on est frappé
de l'aspect bigarré qu'offre cet amphithéâtre d'hommes vê-
tus d'une manière si diverse et formant un étrange contraste
avec les dames parées et les personnes distinguées qui gar-
nissent les premières loges. A l'exception de quelques législateurs fashionables, qui soutiennent avec éclat l'honneur de

l'élégance parlementaire, la mise, il faut l'avouer, n'est pas le côté brillant du député. Il règne à cet égard une sorte de négligence et d'incurie qui, chez quelques honorables, va jusqu'à reproduire l'*orator incomptus* des anciens. La chambre a même paru mettre beaucoup d'amour-propre, si toutefois ce terme est ici bien placé, à conserver cette indé-pendance extérieure, et la plupart de ses membres ont re-poussé avec une modestie, peut-être avec une vanité vraie-ment diogénique, tout assujétissement, toute uniformité de costume, toute marque distinctive. Il en résulte que leur di-gnité est parfois compromise et leur caractère méconnu ; qu'au Château, par exemple, on est obligé de placer en fac-tion sous le péristyle un huissier chargé de reconnaître les ho-norables, pour empêcher que quelque coupeur de bourses ne se glisse dans les salons royaux, en usurpant les prérogatives parlementaires.

Le jour de l'an, au milieu d'un groupe d'uniformes, un modeste individu se présente, non sans une sorte de vergo-gne, dans son accoutrement ordinaire et sans gêne, pantalon tombant sur les bottes, frac noir et chapeau rond. L'huissier examinateur s'approche : — «Monsieur est Député?—Vous voyez bien ; je viens en négligé! »—Mais laissons ces obser'va-tions futiles : qu'importe l'extérieur? Qui songe à s'enquérir de quelle forme ou de quelle couleur était le manteau de Platon ou de Numa?

Voici le cirque législatif, l'arène parlementaire, comme on l'a assez justement appelée. C'est en effet dans cette enceinte que se livrent tant de combats, dont le pouvoir est le prix. Les portefeuilles sont sur cette tribune, et chaque parti s'orga-nise pour l'assaut. L'architecte habile et prévoyant a disposé les lieux en conséquence. L'enceinte est divisée en sections, qui forment autant de camps séparés : chacune de ces sections a son Messie, prétendant notoire à un ministère quelconque, et dont la candidature constante et universelle est appuyée par la section tout entière. Chacun de ces Messies a ses Apôtres, auxquels il a promis, pour le jour de son avénement, le para-dis sur terre. Puis viennent les simples disciples, milice ardente et dévouée, instrumens actifs de prosélytisme. Enfin, la masse obéissante et purement passive remplit avec bonho-mie un rôle facile à qualifier ; elle se presse derrière ses chefs et leur prête l'appui de ses rangs épais. Ces diverses classes ont chacune leur physionomie particulière et leurs fonctions distinctes.

Le Messie est le député qu'une section adopte pour chef

comme étant celui qui a le plus de chances pour parvenir au ministère, en raison de ses alliances, de ses antécédens (1), de son adresse, de sa faconde, ou même d'un véritable talent. Le Messie siége sur les premiers bancs, en face de la tribune : comme chef, il doit être constamment à la tête de ses gens, au milieu du feu, à portée de juger d'un coup d'œil toutes les péripéties de l'action et de diriger les manœuvres en conséquence. Il ne prodigue point sa parole; laissant au vulgaire l'aride et improductive discussion des intérêts matériels du pays et des lois usuelles, il n'entre en lice que dans les grands débats de politique transcendante, dans les luttes ministérielles ou dans les questions d'économie politique tellement élevées que l'existence du cabinet peut y être compromise. Alors seulement, il monte à la tribune avec lenteur et dignité. Sa présence y produit l'effet de Neptune appaisant les orages; le silence s'établit pour un instant. Là, dans une posture un peu oblique, de manière à faire face à ses fidèles; le corps légèrement renversé en arrière, la tête haute, une main dans son gilet, l'autre négligemment appuyée sur le marbre de la tribune, il laisse tomber sur l'assemblée qu'il domine sa parole lente, grave, sentencieuse. Le ton décisif et dogmatique, le geste rare et impérieux semblent exclure même la possibilité d'une objection. La moindre interruption lui fournit une occasion favorable pour jeter au milieu de sa sévère polémique quelques-uns de ces éclairs soudains, préparés avec art et dont l'effet électrique provoque les applaudissemens ou suscit les orages : il croise alors les bras et attend le silence. Puis il reprend son discours et son dernier mot est un coup de fouet ou de massue réservé pour exciter une longue agitation, au milieu de laquelle il descend de la tribune et retourne sur son banc recevoir les félicitations de ses nombreux amis.

Les Apôtres remplissent à la chambre l'office de moniteurs : les uns siégent derrière le Messie, leur maître, prêts à recevoir ses inspirations et ses ordres : les autres sont disséminés sur les bancs des fidèles pour y entretenir l'union et la foi. Véritables aides-de-camp, les Apôtres sont presque toujours en mouvement. Dans les couloirs, dans la bibliothèque, dans la salle des conférences, partout, vous les rencontrez s'agitant, se concertant, travaillant avec zèle à la vigne du Seigneur. Tandis que, dans la salle, on débat les intérêts du pays devant quelques rares et inattentifs auditeurs, voyez ces groupes qui se forment au dehors; au centre de chacun d'eux, vous trou-

---

(1) Voyez le Dictionnaire parlementaire.

verez un Apôtre qui prêche la doctrine du Messie, qui échauffe les tièdes, combat les opposans, encourage les timides. Les Apôtres sont toujours prêts à escalader la tribune ; ce sont eux qui commencent le feu et tâtent le terrain. Leur parole animée, incisive, échauffe la discussion, provoque les indiscrétions ou les éclats imprudens des adversaires, et prépare ainsi de brillans succès au Messie qui vient décider la victoire, si le succès paraît certain : que si la majorité semble récalcitrante, il fait quelques concessions, tempère leur ardeur, les désavoue même, s'il le faut, et fait admirer ainsi sa modération et sa bonne foi. Aux approches du vote, les Apôtres parcourent les rangs, portent partout le mot d'ordre, vont chercher au dehors les retardataires ; puis ils viennent se placer dans l'hémicycle, au pied de la rampe, et votent les derniers. Le rôle des Apôtres, on le voit, est brillant, mais actif et pénible. Aussi vienne le jour du jugement, et le Dieu en huit personnes les fera asseoir à sa droite.

Le Disciple n'a qu'une importance et des prétentions bien plus modestes. Il est la dernière variété parlante de l'espèce : deux ou trois fois par an, il affronte la tribune avec un discours écrit, signal de repos pour le sténographe et de délassement pour la Chambre. Mais ce discours sera reproduit par le *Moniteur*, et surtout par les journaux du parti, de manière à ne pas exclure le soupçon d'improvisation ; il sera répandu à plusieurs centaines d'exemplaires dans l'arrondissement natal, et y entretiendra le crédit de l'orateur parmi les notables électeurs qui s'enorgueilliront des talens et des succès de leur digne représentant. Lorsqu'il a ainsi payé sa dette périodique à l'esprit national de son endroit, le Disciple n'a plus à remplir que des devoirs faciles ; il seconde les Apôtres dans l'entreprise de la glorification du Messie, et redit en tous lieux ses louanges. Du reste, il se confond avec la dernière catégorie, dont il nous reste à tracer le portrait.

Arrière, Vaucanson ; arrière, ingénieux auteurs des joueurs d'échecs, des pianistes mécaniques, des canards qui digèrent, et de tant d'autres merveilles ! Le Député automate est incontestablement le chef-d'œuvre de cet art mystérieux, qui consiste à faire exécuter des opérations complexes par des machines inintelligentes. Avez-vous vu quelquefois les élèves d'une école mutuelle, faire, sous la direction des moniteurs, leurs exercices, leurs évolutions, avec un ensemble et une précision digne d'un régiment de la vieille garde ? Eh bien ! ce n'est pas avec moins de perfection que cette catégorie de représentans exécute toutes les manœuvres législatives. Faut-il se lever pour rejeter ou pour appuyer une proposition quelconque? faut-il émigrer en masse pour rendre une délibération impossible ? faut-il seulement favoriser l'orateur ami par des murmures approbateurs, par les cris classiques « écoutez! écoutez! » ou bien exciter un orage pour chasser un adversaire de la tribune; ou bien encore étouffer sa voix par un bourdonnement hostile et continu, et par un roulement des couteaux de buis frappant sur les pupitres? Sur un signe des moniteurs qui donnent l'exemple, la section tout entière se meut, s'ébranle, s'agite, ou exclame comme un seul homme ! Admirable exemple de ce que peuvent pour le bonheur des peuples et des individus l'union, la force, la discipline, dirigées par l'habileté ! C'est de pareils élémens que se composent ces majorités à ressort qui décident des questions de paix ou de guerre, qui font ou défont des ministères, des constitutions, même des révolutions, et cela sans le savoir, sans se douter des résultats dont ils sont fort étonnés le lendemain. A ce sujet, l'un de ces brusques originaux, qui sont enthousiastes de la vérité, au point de se la dire à eux-mêmes, disait d'une assemblée dont il faisait partie, que c'était une machine à vapeur d'une force égale aux cinq sixièmes ou aux neuf dixièmes de ses membres. N'en déplaise à cet honorable bourru, sa définition manque d'exactitude à tous égards : si elle était applicable, il y aurait accord, sinon unanimité dans la Chambre.

Ces deux dernières cathégories sont, en définitive, les véritables législateurs de la France, les véritables arbitres de ses destinées; car ce sont eux qui font la force des partis, comme l'infanterie fait la force des armées, et, dans l'arène législative comme sur les champs de bataille, la victoire et partant le bon droit sont du côté des gros bataillons. Cependant, là comme à l'armée, leur partage est des plus modestes : l'état-major accapare, absorbe tout, même la gloire, si gloire il y a. Au jour du triomphe, le Messie est porté sur le pavois au ministère : de cette haute position, il tend la main à ses Apôtres et les fait monter aux honneurs, aux postes élevés. Pour la troupe, pour cette foule obscure et pourtant si utile qui, par la foudroyante artillerie de ses boules, a décidé la victoire, il ne reste que les emplois subalternes, les faveurs de province, les croix ou quelques avantages matériels. S'il en est quelques uns qui, durant la lutte, aient commis quelqu'action d'éclat ou se soient distingués par une active et hasardeuse ferveur, à peine trouve-t-on quelques sous-directions, quelques missions, quelques lots un peu plus riches à leur distribuer ! Tout le monde est donc ingrat ici-bas, les peuples comme les rois, les ministres comme les grands hommes !

Ne fût-ce que pour mémoire et pour n'omettre aucune cathégorie, il faut bien dire un mot d'une certaine classe de Députés tout-à-fait originale et excentrique, et que nous nommerons les Volontaires. Ces honnêtes représentans prennent leur mandat au sérieux et se croient en conscience obligés à traiter à fond les affaires du pays. Sous l'influence de cette étrange préoccupation, opiniâtres et assidus, ils étudient pendant des heures entières un projet de loi, un budget, un compte ; ils essaient de le discuter dans les bureaux ; ils lisent les rapports ; ils écoutent avec attention ce qu'ils peuvent saisir des discours des orateurs ; ils ne reculent même pas devant la tâche ingrate et pénible de traiter à la tribune ces questions fastidieuses, et s'étonnent naïvement de voir l'assemblée constamment distraite durant de pareils débats. Leur imagination candide n'a jamais entrevu, sous une proposition de canaux, de chemins de fer, de mines, de mesures financières, les calculs personnels de spéculation, de monopole ou d'agiotage. Ils ne veulent se laisser affilier à aucune association, assister à aucun club. Aujourd'hui ils votent pour un projet du Ministère parce qu'il leur semble utile ; demain, ils voteront pour une proposition de l'Opposition parce qu'elle leur paraîtra juste. Ces gens-là n'ont ni tenue ni système ; avec eux, on ne sait sur quoi compter : ils ne sont bons à rien ; ils gênent toutes les prétentions et n'en peuvent servir aucune.

De pareils isolés ne savent naturellement où se placer sur les bancs de la Chambre, et, comme il faut bien qu'ils s'asseoient quelque part, ils vont se jeter à l'étourdie au milieu d'une section dont ils rompent l'uniformité : intrus et voisins incommodes, ils gênent les confidences, trompent les calculs et choquent les regards des membres du bureau dans l'appréciation des votes par assis et levé. Encore une fois, que faire de ces gens-là dans une assemblée législative ?

Au surplus, ce n'est guère que parmi les Députés de première ou, tout au plus, de seconde année que se rencontrent des êtres aussi singuliers. Cette monomanie d'indépendance absolue finit par céder aux obsessions de tout genre dont le pouvoir et l'opposition les entourent : de guerre las, ils se trouvent un beau jour enrégimentés et immatriculés dans une des divisions organisées. Quant aux incorrigibles qui s'obstinent dans l'indépendance finale, il n'y a pas lieu de s'en inquiéter ; les électeurs eux-mêmes en feront bientôt justice : à quoi sert un Député qui n'obtient ni places ni faveurs , et qui n'est pas même capable de travailler à amener une révolution nouvelle ?

- Mais, direz-vous peut-être, au milieu de toutes ces manœuvres, que deviennent les lois? comment vont les affaires? Les lois se font, les affaires marchent, et voici comment. S'agit-il de l'adresse au Roi, de politique spéculative, de paix ou de guerre, d'interpellations sur les affaires étrangères, de lois organiques, en un mot de questions de cabinet? Les sommités de la Chambre s'en emparent, et l'on a vu avec quelle verve, avec quelle habileté, quelle entente de la scène le drame législatif est représenté, aux applaudissemens du public qui ne recherche dans ce spectacle que les effets brillans, le brui ou le scandale.

Mais, s'il ne s'agit que des intérêts réels du pays, de son agriculture, des élémens matériels de sa prospérité; si la question ne contient pas le germe de quelque sortie éclatante, de quelque attaque vive et imprévue, les premiers sujets dédaignent ces débats vulgaires et les abandonnent aux doubles. Alors, dans les bureaux, première épreuve qui est presque de pure forme, ceux qui sont jaloux de se produire prononcent quelques phrases ayant pour objet de faire savoir qu'ils sont experts en cette matière et ils sollicitent des votes pour être nommés commissaires ; la majorité de chaque bureau nomme son commissaire d'après sa couleur politique bien plus qu'en raison de ses connaissances spéciales. La commission, ainsi composée, examine de son mieux la proposition; les fonctions de rapporteur y sont sollicitées et conférées comme dans les bureaux ; le rapport est distribué ; le projet de loi revient devant la Chambre. Là, en présence d'une centaine de membres, dont les trois quarts écoutent peu, un simulacre de discussion s'élève. Quelques discours sont prononcés au milieu du bruit par ces candides Députés qui se font une affaire de conscience des fonctions pour lesquelles ils croient avoir été élus. Si quelques objections paraissent être accueillies avec faveur, la Commission, groupée en masse sur son banc spécial, les étouffe par ses exclamations; on arrive au vote : mais on n'est pas en nombre ; les huissiers vont appeler dans les salles voisines les députés qui s'y promènent, qui lisent les journaux, qui écrivent à leurs commettans : la perspicacité instinctive de chacun supplée à la discussion qu'il n'a pas entendue ; les ministériels votent tous pour le projet du gouvernement ; les opposans votent tous contre, et le pays est doté d'une loi nouvelle à ajouter aux 23,000 lois dont sa riche collection est déjà composée.

La France peut donc être rassurée sur la crainte de manquer de lois : elle a même en réserve dix constitutions et une trentaine de lois organiques, élaborées dans ses ateliers de législation depuis 1791 et dont aucune n'a servi assez longtemps pour être usée.

Dans ce choc perpétuel de tant d'opinions contraires, de tant de prétentions rivales, qui essaiera de maintenir un peu d'ordre et de décence? Un président électif est chargé de cette tâche aussi délicate que pénible. Son fauteuil élevé domine l'assemblée dont il peut saisir d'un coup-d'œil toutes les fluctuations. Mais quelle que soit la vigueur de ses poumons, que peut sa seule voix contre tant d'orateurs éclatant à la fois? Quel homme de nos jours est de force à maîtriser ou à contenir les partis? Sans cesse il est en butte à leurs attaques ; toutes les minorités lui imputent leurs défaites! En vérité, à la reconnaissance que mérite son dévouement se mêle un sentiment pénible en le voyant agiter sans relâche et sans succès sa sonnette impuissante. Je m'étonne que, pour le soulager, au moins physiquement, on n'ait pas imaginé une mécanique qui, régulièrement et de trois en trois minutes, mettrait en mouvement une cloche un peu sonore ; d'après les habitudes actuelles de la chambre, ce timbre impartial risquerait bien rarement de résonner à faux.

On peut, d'après cette esquisse, se faire une idée assez juste de nos législateurs , de leurs habitudes, de leurs débats. Pour ne pas prolonger cette notice outre mesure, je n'ai point parlé de ces réunions du soir, chambres au petit-pied, où les indépendans de chaque parti vont recevoir l'ordre pour la discussion ou le vote du lendemain. Je n'ai pas fait mention de quelques variétés isolées , qui cependant mériteraient bien un coup de pinceau. L'interrupteur qui, toujours impatient, n'a jamais usé de la parole que pour lancer au travers de la discussion des interjections aussi vives, aussi brillantes que celles-ci : « Allons donc ! Eh bien ! Qu'est-ce que ça fait ? Parlez pour vous ! Assez, assez ! » Le plaisant qui invente, avec une merveilleuse sagacité, sur toutes choses, des jeux de mots, des équivoques, même des joyeusetés drôlatiques et s'empresse d'en faire part à tous ses voisins pour servir de commentaire aux discours des orateurs et égayer un peu les débats. Le remuant, voisin importun et fâcheux, qui se lève et se rasseoit, sort et rentre à chaque instant, traverse tous les bancs et se promène sans cesse. Enfin, et par-dessus tous, le producteur d'amendemens, fléau des rapporteurs; en vain la Chambre repousse obstinément tous les lambeaux législatifs qu'il prétend coudre à chaque projet; tant d'essais malheureux ne refroidissent point son zèle correcteur; et si, à force d'importunité, il réussit une fois, heureux et fier il va raconter à tout le monde et écrire à ses commettans, l'insigne honneur qu'il vient d'obtenir, en insérant dans la loi un mot profond, vital, sans lequel elle n'aurait été qu'une lettre morte!

Nous avons essayé de peindre, aussi fidèlement que cela était possible, le Député en action. Si l'on désirait savoir de quels élémens il se compose, nous répondrions : une certaine dose d'ambition ; point de raideur et d'inflexibilité dans le caractère; assez de savoir-faire ; beaucoup d'usage du barreau, du parquet, du professorat ou de tout autre métier qui donne la facilité de parler couramment et long-temps ; du talent réel autant que possible ; du désintéressement et du patriotisme à volonté. Il est cependant des collèges électoraux qui, sur quelques-uns de ces points, se montrent moins exigeans.

Terminons en félicitant la France de posséder un aussi grand nombre de personnes capables de la représenter dignement. Excellente nation! exempte de préjugés, tu ne crois plus aux religions, tu ne crois plus guère aux dogmes politiques ; mais, confiante autant qu'éclairée, tu crois aux journaux, au patriotisme désintéressé et à la représentation nationale !

FREESPEAKER.

Imprimerie BELIN ET Ce, rue Sainte-Anne, 55.

[illegible]

GALERIE POLITIQUE.

QUELQUES TABLEAUX DE GENRE.

LE CANDIDAT ET LES ÉLECTEURS.

LE CANDIDAT ET LES ÉLECTEURS.

Le système représentatif est une belle et généreuse institution !
Si les rois étaient des êtres parfaits, si seulement ils étaient tous
des Henri IV, et s'ils pouvaient tout voir, tout diriger par eux-
mêmes, peut-être le gouvernement absolu serait-il le moins im-
parfait de tous les gouvernemens. Mais les rois sont des hommes ;
mais à un Henri IV succède un Louis XIII ; mais le meilleur des
rois, le plus vertueux, le plus sage, ne peut guère voir que par
les yeux d'autrui, et n'agit que par délégation. Certes, si la nation
et le roi pouvaient se voir et s'entendre, ils reconnaîtraient bientôt que leurs véritables intérêts sont d'accord, et les révolutions
seraient bien plus rares. Mais entre eux s'interposent des agens
ou des interprètes souvent infidèles, intéressés à les tromper et à
les exploiter tous deux. Si le prince doit se tenir en garde, c'est
bien moins contre le peuple que contre ses propres familiers ;
si le peuple a besoin de garanties, c'est bien moins contre les
défauts ou les erreurs du prince lui-même, que contre l'ambition
et la cupidité du ministre ou du favori, du confesseur ou de la
maîtresse qui régnerait sous le masque royal. Les représentans
de la nation sont là pour contrôler et contenir ceux qui exercent
le pouvoir, pour soutenir et éclairer le roi, pour défendre les
droits du peuple.

Oui, c'est une belle et noble institution ! sagement modifiée se-
lon le caractère et les mœurs de chaque nation, elle fera le tour
du monde, car, tôt ou tard, ce qui est réellement juste et sage finit par triompher.

Mais il faut trouver et savoir choisir des hommes vraiment dignes et capables de représenter leurs concitoyens, de régler leurs
intérêts, de leur donner des lois.

Vous qui briguez la palme civique et les honneurs de la députation, savez-vous tout ce que cette noble mission exige de qualités et de talens ? Avez-vous bien calculé tout ce qu'elle impose de devoirs et de sacrifices ? Ce n'est pas assez d'une certaine capacité, d'une certaine expérience des hommes et des affaires, d'un jugement droit, d'un caractère à la fois ferme et conciliant ; il faut encore autant de bonne foi que de loyale indépendance, un amour sincère de son pays, et surtout une probité, un désintéressement à toute épreuve. Heureux celui qu'un choix libre et éclairé proclame le plus digne !

Aussi ce choix est-il l'objet de mille ambitions ! C'est ainsi que le Candidat, personnage nouveau dans notre drame politique, a pris naissance avec le système représentatif.

Avant 1789 il n'existait point de candidats : sous un gouvernement absolu, il n'y a que des favoris et des protégés. Chacun des puissans du jour avait ses créatures, auxquelles il distribuait les emplois ; certaines charges étaient affectées à des familles privilégiées ; beaucoup se vendaient. Aujourd'hui tout se fait au grand jour ; plus de faveurs, plus de brigues ténébreuses, plus de marchés honteux : c'est le peuple lui-même qui confère le pouvoir, et tous les prétendans peuvent se présenter avec confiance devant ce grand juge, aussi incorruptible qu'éclairé.

Assis sur le seuil du temple de la fortune, en attendant que les électeurs lui en ouvrent les portes, le Candidat n'est pas une individualité classée dans l'ordre politique, ayant une position faite et assurée ; et cependant il n'en est pas moins un des types caractéristiques de notre époque ; un de ceux qui méritent le mieux d'être observés et peints d'après nature, pour l'instruction de nos contemporains, sinon de la postérité, à laquelle il est peu probable que ces lignes doivent parvenir.

Le Candidat ! c'est l'œuf qui renferme peut-être un aigle ; c'est l'humble gland d'où peut jaillir un chêne ; qui sait ? c'est peut-être une chrysalide ministérielle ! Il n'est rien encore ; mais il peut parvenir à tout, et, excepté la royauté, emploi peu désirable aujourd'hui, et que nous n'avons pas encore soumis à l'élection, il n'est aucune position à laquelle il ne puisse prétendre. Cent cinquante, deux cents votes vont faire de ces modestes habitans de nos provinces les arbitres des destinées de la France, les distributeurs du pouvoir et des grâces.

Ainsi, dans notre société nouvelle, où l'élection est le marchepied de toutes les grandeurs, le Candidat voit s'ouvrir devant lui une brillante carrière de hautes destinées, d'espérances sans bornes. Combien n'avons-nous pas déjà vu de génies incompris, ou s'ignorant eux-mêmes, et qui seraient restés enfouis à jamais au fond de leurs provinces, si l'élection n'était venue révéler subitement en eux ces facultés supérieures qui les ont bientôt élevés aux dignités et au pouvoir ? Un recrutement aussi fécond de génies de haute portée devient indispensable à la France, d'après la prodigieuse consommation d'hommes d'État qu'elle fait depuis vingt-cinq ans. Encourageons donc le Candidat ; applaudissons à son zèle, à son dévouement, et cherchons à lui rendre l'élection facile, la candidature légère.

Dans l'arène politique aussi bien qu'à la guerre, point de grands succès, même pour les grands talens et les grands courages, lorsqu'ils ne sont pas secondés par une habile tactique et des manœuvres savantes. Si les vertus, le mérite, la probité se tiennent modestement à l'écart, qui viendra les y chercher ? Ce que les gouvernemens ne savent pas faire, peut-on raisonnablement l'exiger d'une foule inexpérimentée, flottante, sans principes fixes et sans guides ? Non. Sans sollicitations et sans brigue, Sully, Colbert, Molé, d'Aguesseau ne parviendraient pas aujourd'hui à être élus au conseil municipal de leur village. C'est donc un service à rendre à la patrie, ainsi qu'aux nombreuses capacités qui surgissent de toutes parts, que de leur exposer les élémens théoriques de l'art électoral. Pour cette science, comme pour toutes les autres, les règles ne sont autre chose que les résultats de l'expérience réduits en préceptes.

Pour livrer bataille, il faut une armée. Conquérans parlementaires, vos soldats sont les électeurs ; eux seuls peuvent vous élever sur le pavois, vous faire triompher de vos rivaux. Il faut d'abord recruter cette milice prétorienne.

Votre arrondissement natal est celui qui vous offre naturellement le plus de chances de succès : parens, amis, cliens vous y prêteront le secours de leur voix et de leur influence. D'ailleurs, par amour propre autant que par intérêt, chaque localité tient à être représentée par un *pays*, par une notabilité indigène, et l'on s'enorgueillit si l'arrondissement parle.

Avez-vous lieu de douter de la bienveillance de vos compatriotes ? Cherchez un de ces arrondissemens où les électeurs sont partagés à peu près également en deux camps opposés, soit par des intérêts et des jalousies de localité, soit par deux ambitions rivales entre lesquelles vous pourriez facilement vous glisser et vous faire agréer comme une transaction ou comme une négation ; ou bien parmi les colléges dont la docile majorité est acquise invariablement et comme par prescription, soit à l'opposition, soit au ministère, cherchez-en un qui ne soit pas encore inféodé à un député productif.

Votre champ de manœuvre une fois désigné, il faut prendre couleur. Malgré l'égoïste individualisme qui, en nous fractionnant à l'infini, nous frappe d'impuissance, il existe partout en France deux divisions principales, deux opinions si l'on veut, entre lesquelles se partagent les électeurs : les uns par intérêt, par système ou par principes, soutiennent le gouvernement ; les autres l'attaquent par principes, par calcul ou par passion. Choisissez une de ces deux convictions; celle, bien entendu, qui domine dans le collège où vous vous présentez.

Recherchez l'appui du journal le plus accrédité du parti que vous adoptez. A tous ceux qui, faute d'instruction ou d'expérience, ne comprennent rien aux affaires publiques, et veulent pourtant s'en mêler, le journaliste vend chaque matin des idées toutes faites, des jugemens et des votes tout formulés. Combien de suffrages peut conquérir pour vous ce despote de l'inintelligence, ce commis-voyageur des partis ! Hâtez-vous d'aller lui faire votre cour; faites-vous recommander à lui par ses familiers, par la puissance ou le prétendant dont il a pris la fortune à l'assurance ou à l'entreprise ; obtenez enfin que, dans ses colonnes, un article flatteur annonce à toute la France que « dans l'arrondissement » de. . . les électeurs constitutionnels (qui ne l'est pas ce jour- » là !) porteront leurs votes sur M*** ; qu'ils ne peuvent faire un » meilleur choix, etc., etc. » Un de vos amis se chargera de composer ce panégyrique, que votre modestie ne vous permettrait pas de rédiger vous-même.

Maintenant il faut arborer votre drapeau en publiant un appel aux électeurs. Cette profession de foi (que la solennité de cette expression ne vous effraie pas), cette profession de foi a pour objet de capter le plus grand nombre possible de suffrages ; elle ne peut être rédigée avec trop de soin et de circonspection. Évitez de heurter les intérêts et les croyances de vos adversaires, au delà de ce qui est indispensable pour conquérir toute la confiance du parti que vous avez adopté. Tout en les combattant, exprimez-vous de telle manière qu'ils vous considèrent, non comme un ennemi fougueux et irréconciliable, mais bien plutôt comme un adversaire sage et modéré, qu'en désespoir de cause on pourrait accepter avec moins de répugnance. Vous y parviendrez facilement à l'aide de certaines généralités, de ces axiomes un peu vagues, mais sacramentels, que personne n'ose contester. Cette disposition de vos adversaires peut vous être utile, surtout en cas de ballottage ; et puis, qui sait ce qui peut arriver ?

Après ces opérations préliminaires, vous pouvez commencer vos démarches actives.

Dans un État voisin, chez une nation essentiellement marchande, où tout est trafic, où tout, jusqu'aux infortunes conjugales, se suppute et se résout en argent, le vote est souvent un effet de commerce ayant cours. On loue des électeurs comme des domestiques de place, et l'on peut dire, à peu de chose près, combien il en coûte pour se faire élire membre de la chambre des communes, dans tel ou tel bazar électoral. Rien de plus facile et de plus conséquent ; c'est l'aristocratie d'argent, le plus riche est le plus digne.

Peut-être parviendrons-nous quelque jour à ce degré de simplification de l'art électoral ; mais en France il n'est point de progrès que certains préjugés ne viennent entraver, et le métier de Candidat y exige encore toute l'activité du solliciteur, toute l'adresse du diplomate.

Pour la quête des votes, il vous faut des intermédiaires, des apôtres aussi influens que zélés. Attachez à votre cause les notables des divers cantons, les personnes qui exercent sur les électeurs secondaires la plus sûre, la plus incontestable de toutes les influences, celle qui naît des intérêts matériels. Les fermiers, les petits cultivateurs, le commerçant de détail, les industriels secondaires ne refuseront pas un acte d'obligeance au principal propriétaire, au négociant, au fabricant qui peut leur accorder ou leur refuser tant d'avantages, de facilités, leur rendre tant de bons ou de mauvais services de chaque jour. Il est mille petites faveurs, comme aussi mille petites persécutions municipales qu'un maire peut se permettre sans aucun risque ; les *administrés* ont intérêt à se concilier sa bienveillance. Le notaire, l'avoué, indépendamment de leur titre imposant d'homme de loi, ont quelque ascendant sur l'esprit de leurs cliens de village, accoutumés à prendre leurs conseils, et dont ils dirigent et traitent journellement les affaires. Le marchand, le maître ouvrier cultivent leurs pratiques et tiennent à les ménager. En général les hommes d'affaires, de commerce ou de travail sont plus ou moins dans la dépendance de ceux qui les emploient ou qui les font prospérer ; ils sont les pages et les varlets de ces petits seigneurs électoraux qui, en réalité, font seuls les élections. Recrutez aussi pour votre cause l'avocat de l'endroit ; l'avocat, homme universel, qui parle sur tout, attaque ou défend le pour et le contre avec une égale facilité, est l'oracle du café et de la place publique, où il endoctrine les bons villageois pour lesquels il a plaidé avec succès le mur mitoyen ou la contravention de police, et qu'il frappe d'étonnement et d'admiration par son inépuisable faconde.

Employez donc tous les moyens possibles pour gagner ces notables ; étudiez leur caractère ; sachez quels sont les vœux ou les griefs de chacun ; mettez à profit leurs passions aussi bien que leurs intérêts, et engagez-vous à les servir de tout votre crédit, de tout votre pouvoir.

Candidat du gouvernement, promettez à ceux-ci, soit pour eux-mêmes, soit pour leur famille, des emplois de tout genre, de l'avancement, des perceptions, des demi-bourses, des bureaux de timbre et de poste, des débits de tabac, etc. ; à ceux-là, des honneurs, des décorations ; à tous, ces faveurs, ces secours qui ne sont pas moins profitables aux fortunes privées qu'à la prospérité du pays, des routes, des ponts, des canaux, des ports, des établissemens publics.

Candidat de l'opposition, promettez les mêmes faveurs pour le jour où votre parti doit enfin triompher : cette victoire est désormais imminente ; le ministère va tomber ; les deux oppositions sont coalisées pour hâter sa chute, et vos chefs seuls sont en position de lui succéder. Dites en confidence aux moins exaltés que si, contre toute probabilité, le ministère parvenait à se raffermir, votre parti est en mesure de se rapprocher des centres, de s'entendre avec eux, et que, dans tous les cas, le gouvernement a trop besoin d'appui pour ne pas accorder du crédit aux membres d'une opposition raisonnable et décente. S'il se rencontre quelque fonctionnaire timide, inquiet, faites-lui sentir qu'il est prudent d'assurer sa position à tout événement; le vote n'est-il pas secret? S'il existe quelque rivalité, quelque jalousie de localités ou de personnes, engagez-vous à entraver du moins le succès de la partie adverse.

En un mot, quelque parti que vous ayez choisi, servez les intérêts, flattez les passions; c'est ainsi que l'on captive et que l'on conduit la plupart des hommes.

En même temps que vos partisans vantent aux électeurs votre caractère et vos talens, il serait utile que votre concurrent y fût décrédité. Loin, bien loin de vous, sans doute, l'indigne pensée d'employer les armes perfides du mensonge et de la calomnie; votre noble caractère se refuserait même à combattre un rival par la médisance; mais il est peu de personnes dont la vie publique ou privée n'offre quelque incident dont on puisse s'emparer pour les déconsidérer ou pour déverser sur eux le blâme, et pis encore le ridicule. En tout cas on brode un peu, afin de rendre l'anecdote plus piquante. Si quelqu'un de vos amis, dans l'excès de son zèle pour votre avénement, répandait dans le public, contre le candidat adverse, quelque discours, quelque écrit de ce genre, il rendrait un grand service à votre cause, et vous profiteriez de son heureuse audace sans que votre délicatesse en eût à souffrir.

Le grand jour approche; mais auparavant vous avez une épreuve solennelle à subir. Il ne s'agit point ici de ces élections municipales et cantonnales qui se font comme en famille, le verre à la main, avec une simplicité, une bonhommie qui rappellent les mœurs patriarcales; il s'agit de l'élection suprême, de celle d'où dépendent la paix, la prospérité, l'existence même de la France! Et ce peuple, que souvent on accuse d'être tour à tour fougueux et fantasque, enthousiaste et versatile, n'engage pas ses votes aveuglément et à l'étourdie. Il veut que les prétendans viennent, dans une réunion préparatoire, proclamer devant lui leurs doctrines et exposer leurs droits à sa confiance et à ses suffrages. Dans cette espèce d'exposition publique, vous n'avez point à craindre, comme sur les hustings d'Angleterre, les vils outrages et les brutales atteintes d'une populace grossière; mais vous y devez subir, contradictoirement avec votre compétiteur, un examen sévère, un long interrogatoire. Préparez-vous à cette lutte, dans laquelle il vous faut déployer autant de calme et d'assurance que de prudence et d'adresse. Là, vous n'êtes plus derrière le rideau, préparant et dirigeant le jeu des machines; vous êtes en scène, devant un public exigeant et capricieux: là, sous les yeux de vos adversaires, au grand jour, à la face d'une nombreuse assemblée, vous ne pouvez plus faire appel aux intérêts privés; c'est aux passions qu'il faut parler. Voici d'ailleurs la seule occasion d'agir, s'il est possible, sur l'esprit du petit nombre d'hommes qui ne sont point influencés par les intérêts; c'est aux grands sentimens qu'il faut avoir recours: élans de patriotisme, d'enthousiasme ou d'indignation, éclatant en phrases sonores, en périodes retentissantes; voilà ce qu'il vous faut pour agir sur les masses.

Partisan du gouvernement, vous ne pouvez protester assez de votre patriotisme, de vos sentimens nationaux, de votre amour pour la liberté; car, dans ce pays, le gouvernement, quel qu'il soit, est toujours suspect. Proclamez hautement votre zèle et votre dévouement pour la prospérité de la France; montrez-vous surtout défenseur ardent et gardien jaloux de sa grandeur et de sa gloire; car ce peuple, qui en 1813 chantait jusque sous les fenêtres du conquérant les refrains du *Roi d'Yvetot*, s'est lassé de la paix dès qu'elle a été faite, et s'est montré dès lors chaque jour plus avide de lauriers et de victoires. Quant à la politique intérieure, l'ordre public et le despotisme de la loi qu'il faut fonder à tout prix, sous peine d'instituer la licence à la place de la liberté et de la monopoliser au profit du crime; les dangers du désordre et de l'anarchie, aussi funestes à la modeste médiocrité qu'à l'opulente aristocratie; la belle révolution de juillet, cette restauration nationale qu'il faut conserver pure et vierge de tout excès; voilà le texte de vos discours. Enfin, n'oubliez pas que vous parlez devant un peuple frondeur par instinct, prédisposé par caractère à critiquer tout ce qu'on fait, quoi que l'on fasse; qui ne tolère l'éloge le mieux fondé qu'autant qu'il est assaisonné de quelque épigramme, et qui appelle valet tout homme assez juste et assez loyal pour rendre, sans restriction, un hommage mérité. Ayez donc soin de glisser dans vos discours quelques mots vagues, mais sévères, contre les abus en général : « Jamais vous » ne tolérerez le favoritisme de cour, le népotisme des ministè- » res, la simonie, la corruption, le scandaleux trafic de la presse » ou des votes. Dévoué à la patrie et non pas au pouvoir, fidèle » et non servile, vous n'hésiterez jamais à dire au gouvernement » la vérité. Il a fait des fautes, vous l'avouez; s'il en commettait » de nouvelles, vous les signaleriez avec une noble indépendance, » et, en le combattant, vous le serviriez lui-même bien mieux que » ne le servent ses flatteurs ! »

Candidat d'opposition, votre tâche est bien plus facile et plus brillante : l'approbation est si froide et si terne auprès de la satire ! Non que je vous conseille pourtant de sonner le tocsin dans une ardente philippique; d'imiter ces tribuns fougueux qui font appel aux plus mauvaises passions en présentant dans un tableau

fantastique les prolétaires opprimés par les puissans, les heureux du siècle insultant à la misère du peuple dont ils dévorent la substance, et tant d'autres lieux communs de la rhétorique des niveleurs. Ces déclamations outrées pourraient effrayer les gens paisibles et tout ce qui possède quelque chose ; d'ailleurs vous n'en avez pas besoin. Non seulement vous avez à exploiter les passions ardentes, les utopies désordonnées ; vous trouvez encore prédisposés à l'aggression tous les intérêts en souffrance, tous les amours-propres blessés, toutes les ambitions désappointées, toutes les jalousies, toutes les rancunes du passé, enfin les débris des factions qui ont succombé. Flattez, couvez, réchauffez toutes ces animosités et ralliez-les sous votre drapeau pour marcher à l'attaque du pouvoir que vous accusez hautement d'être la cause de tous les maux. « Jamais peut-être notre situation ne fut plus grave;
» un abîme est sous nos pas, et le ministère nous y traîne. A l'in-
» térieur il élude la Charte, il menace nos droits et toutes nos li-
» bertés : vis-à-vis de l'étranger on l'a vu, complaisant et timide,
» sacrifier sans cesse la dignité comme les intérêts de la France, et
» l'on est indulgent en accusant seulement d'incapacité cette admi-
» nistration déplorable qui ne se soutient que par la corruption et
» l'intrigue. Les électeurs seuls peuvent sauver la France en choi-
» sissant pour leurs mandataires des députés patriotes, des hom-
» mes fermes et dévoués qui sachent nous faire respecter au dehors
» et faire triompher au dedans la cause nationale, en donnant
» enfin le pouvoir aux véritables défenseurs des intérêts popu-
» laires. »

Voilà les formules classiques et invariables dont chaque parti fait usage tour à tour ; pour les développer il suffit de copier les déclamations qui traînent depuis vingt ans dans tous les journaux. Il est même tel journal qui, compulsé à diverses époques, vous offrirait des amplifications modèles pour l'une et pour l'autre thèse.

Vous avez donné la mesure de vos sentimens nationaux et de vos moyens oratoires ; ce n'est pas tout encore. Vous vous êtes soumis à subir devant trois ou quatre cents juges, dont une partie vous est hostile, un examen dont le programme est illimité : attendez-vous donc à des interpellations de tout genre. Les uns vous sommeront de vous justifier de tous les actes et de tous les discours, vrais ou supposés, que le commérage ou la calomnie vous auront imputés ; d'autres, usurpant vos fonctions législatives, vous dicteront impérieusement vos votes sur toutes les questions que les passions mettent à l'ordre du jour. Le propriétaire exige que les lois soutiennent le prix des grains ; l'industriel veut qu'elle fassent baisser le prix du pain : le commerce est en opposition avec l'agriculture : en matière de douanes l'un réclame ce que l'autre repousse ; les vins combattent les fers, le coton veut que l'on sacrifie la soie : chaque intérêt lutte obstinément contre un autre, et exige du candidat un dévouement offensif et défensif. Viennent ensuite les questions systématiques, vaporeuses, larges filets dans lesquels les simples viennent se faire prendre par centaines. Les électeurs qui savent à peine lire réclament la réforme électorale et parlementaire et le triomphe des capacités; un bonnetier vous interroge sur la conquête et la colonisation de l'Afrique; un marchand de bestiaux sur les apanages; un cabaretier sur la question d'Orient; un apothicaire sur l'alliance anglaise et l'équilibre européen !

Louvoyez avec adresse entre tous ces écueils; gardez-vous de heurter brusquement aucun de ces intérêts, de ces préjugés: jamais un refus; tout au plus quelques doutes. « Telle prétention » semble appuyée sur les raisons les plus plausibles; et pourtant » parmi les objections qu'on lui oppose il en est d'assez fortes et » qui méritent un sérieux examen; ce sont des matières graves, et » votre consciencieuse impartialité ne vous permet pas de pro- » noncer sans de longues et profondes méditations. » En vous exprimant ainsi vous éludez tout engagement, toute décision; vous ne blessez personne, et vous laissez au contraire à chacun l'espoir de vous convaincre et de vous conquérir. Quant aux questions qui ne sont pas vivement controversées, quelles qu'elles soient, quelle que puisse être votre opinion personnelle, promettez hardiment sans hésiter, et laissez faire au temps. Des rigoristes, d'austères professeurs de vertus civiques vous blâmeront peut-être; ils vous accuseront de n'avoir ni conviction ni foi politique et de tromper les électeurs. Mais votre conviction c'est d'être élu; votre foi politique c'est que les électeurs ne nomment que ceux qui flattent leurs passions; et quant à parler ou à voter plus tard contrairement à ces engagemens un peu hasardés, répondez aux critiques qu'ils n'ont qu'à demander à nos hommes d'État les plus vantés, publicistes, députés, ministres, combien il faut de temps en France pour prescrire une opinion. Laissez donc gronder ces idéologues puritains, et suivez hardiment votre route. D'ailleurs le peuple est souverain, il faut le traiter en roi. Dit-on aux rois la vérité vraie quand on veut capter leur faveur? on la cache, au contraire, on la déguise, on leur présente les objets tels qu'ils désirent les voir; on flatte leurs passions, on caresse leurs caprices et jusqu'à leurs vices. Courtisans du peuple, sachez et faites votre métier.

Nous sommes à la veille du combat; ce qu'il faut maintenant c'est un zèle à toute épreuve, une incessante activité. N'épargnez aucune démarche, aucune fatigue, aucun sacrifice, pour réunir tous vos partisans, pour qu'aucun ne manque à l'appel. Expédiez dans toutes les directions des émissaires pour la traite des électeurs; qu'ils aillent jusque dans les hameaux traquer, faire lever les insoucians et les économes; qu'ils les stimulent, qu'ils leur offrent tout, moyens de transport, logement et table ouverte au chef-lieu; qu'ils les entraînent, qu'ils les accompagnent, qu'ils veillent sur eux pour empêcher qu'on ne les leur dérobe en chemin. Une fois arrivés, il faut les surveiller, les tenir en haleine et au besoin en chartre privée, de peur que l'on ne parvienne à les détourner, à les séduire. Cependant vos partisans iront en éclaireurs autour des quartiers de l'ennemi, pour observer ses forces, intercepter ses renforts, guetter les hommes isolés, les enlever et les déterminer à déserter pour passer sous vos drapeaux.

Se présente-t-il entre les partis extrêmes un candidat qui professe des principes modérés ? vous pouvez être assuré qu'il ne réussira pas ; allez droit à lui, faites-lui de nobles avances ; persuadez-lui qu'ennemi des excès et sage dans votre opinion, vous êtes celui qui se rapproche le plus de la sienne, et proposez-lui une franche alliance. « Si, au premier tour de scrutin, le candidat adverse » présente une inquiétante majorité, vous vous réunirez tous deux » contre lui, et celui des deux qui aura obtenu le moins de suffra- » ges cédera ses voix à l'autre pour triompher de l'ennemi com- » mun. » Met-on sur les rangs un autre candidat à peu près de la même couleur que vous ? Il serait à propos de faire remarquer aux électeurs que sur divers points de doctrine sa foi n'est pas aussi pure, aussi ferme que la vôtre : ne serait-il pas convenable aussi de les avertir qu'on le porte, et qu'il va être élu dans un autre arrondissement pour lequel il a promis d'opter ?

Je ne parlerai point des petits moyens, des ruses de tout genre que parfois des courtiers subalternes ont employées avec succès. Si quelque Boccace électoral veut amuser ses lecteurs du récit de ces bons tours, de ces escamotages de votes, il leur montrera le créancier faisant emprisonner son débiteur à la veille de l'élection ; le médecin faisant prendre à propos une médecine à son malade ; l'électeur à forte tête qui met ses adversaires hors de combat, et les laisse sous la table, une heure avant la séance ; l'Armide électorale qui envoie son mari voter pour le candidat qu'elle protége, tandis qu'elle attire et retient dans ses filets quelque Renaud du parti contraire. La grave discussion qui nous occupe n'admet point ces burlesques épisodes.

Nous touchons au dénouement ; le collége s'assemble. Pendant tout le temps que durera la lutte, il faut être constamment sur pied, jour et nuit, chacun à son poste ; redoubler encore, s'il est possible, de vigilance et d'activité. Vos agens auxiliaires s'établiront en croisière sur la place, sur le cours, dans les auberges, dans les cafés, jusque dans les cabarets, pour rassembler tous vos partisans et les mener voter. Plusieurs se tiendront à la porte de la salle pour y distribuer aux électeurs votre circulaire et des bulletins portant votre nom correctement écrit ; deux seront de planton auprès du bureau, pour surveiller les manœuvres, et pour s'offrir comme secrétaires officieux aux votans illettrés.

Faites en sorte d'obtenir, dès le début, un premier succès ; que les scrutins préliminaires portent au bureau un président, des scrutateurs, un secrétaire choisis parmi les chefs de votre club. Cet avantage n'est pas sans importance. C'est le bureau qui dirige les opérations, qui prononce sur tous les incidens, qui dépouille les votes; les scrutateurs et le secrétaire se présentent tout naturellement au choix des électeurs qui ne peuvent pas écrire eux-mêmes leur bulletin. Il est tel candidat dont l'élection n'a manqué que parce que les membres du bureau ne savaient pas lire ou écrire comme il faut. D'ailleurs, ce premier succès donne l'élan ; il encourage vos amis, il répand l'inquiétude parmi vos adversaires, et entraîne les indécis et les timides. Si quelque agent du parti contraire est parvenu à se glisser au bureau, placez derrière et devant lui deux sentinelles vigilantes, chargées de surveiller toutes ses actions. Vous n'en aurez rien à craindre lorsqu'il verra constamment fixés sur lui les regards inquiets de ses argus sévères, qui, au moindre acte suspect, feraient retentir la salle de leurs vives réclamations.

Le premier choc fera justice des candidatures téméraires. Recueillez, attirez à vous ces vaincus : démoralisés par leur défaite, ils se laissent entraîner plus facilement. Puis, serrez vos rangs, marchez avec ardeur et confiance au dernier assaut, au scrutin décisif, en proclamant d'avance et hautement votre victoire ; c'est le moyen d'enlever ces hommes *de quantité* toujours disposés à suivre la foule, et à courir avec elle au secours du vainqueur dont ils servent à compléter le triomphe.

Enfin, votre nom sort triomphant de l'urne. Honneur et gloire à la grande nation qui sait décerner la couronne civique à la droiture, à l'honneur, au patriotisme pur et sincère! Mais combien ne devez-vous pas témoigner de reconnaissance à ces dignes électeurs qui se font si bénévolement les instrumens de votre élévation et de vos succès! Montrez-vous digne de leur choix, en protestant de nouveau, dans ce moment solennel, d'un dévouement absolu à leurs intérêts, d'une entière abnégation, d'une intégrité, d'un désintéressement à toute épreuve. Parmi ceux qui depuis vingt-cinq ans sont parvenus par l'élection à une fortune inespérée, aucun n'a manqué à remplir ce devoir.

A l'instant même où le résultat du scrutin est proclamé, il s'opère un changement à vue. Comme le gazetier ou l'avocat obscur qu'un ancien camarade devenu ministre vient de métamorphoser en préfet, en premier président ou en directeur général, l'élu se redresse, sa physionomie devient plus réservée, il prend un ton et une attitude conformes à sa dignité nouvelle. Les rôles sont changés : hier il faisait la cour aux électeurs ; ils la lui font aujourd'hui ; hier c'était lui qui les sollicitait ; voyez avec quel air aristocratique et de bienveillante protection il reçoit les félicitations et les demandes que lui adressent de tous côtés ses partisans, et même plusieurs de ses adversaires, qui espèrent ainsi faire prendre le change sur leurs votes secrets, et se glisser parmi les vainqueurs.

Après les félicitations, viennent les requêtes, et l'on ne saurait
croire tout ce qu'un arrondissement peut produire de pétitions !
Vous avez vu ces démocrates austères qui hier encore exigeaient
du Candidat une indépendance presque sauvage, une attitude sinon de Brutus, au moins de Caton? Les voilà qui chargent ce
même candidat de mille pétitions, pour solliciter des places, de
l'argent, des faveurs, pour satisfaire des passions, des jalousies,
des vengeances privées ! Et qui lui vendra toutes ces grâces, si ce
ne sont les ministres ou les chefs des partis? Et en quelle monnaie lui faudra-t-il les payer, si ce n'est avec des complaisances
et des votes? Mais, dans l'enivrement de la victoire, on ne réflé-
chit pas à tout cela; l'élu ne peut rien refuser; il promet tout, il
s'engage à tout: le temps et les révolutions ministérielles le ti-
reront d'embarras.

Le premier acte du drame représentatif est terminé; l'intrigue
est nouée; l'action va marcher rapidement : quels en seront pour
les divers personnages le dénouement et les résultats?

Le Candidat a disparu; le voilà transformé en Député. Maintenant qu'il sache se conduire, et la France est à lui. L'assemblée
dont il va faire partie, essentiellement conquérante par sa nature
comme par son origine, tend à propager sans cesse son action et
son influence. En face d'un ministère que chaque jour elle peut
renverser, d'un sénat timide qui s'efface, d'un roi qui *ne gouverne
pas*, cette assemblée envahit tout, absorbe bientôt ces autres pou-
voirs, et, de fait, elle seule administre, gouverne et règne tout à
la fois, sans contre-poids comme sans responsabilité. Le Candidat,
une fois qu'il a reçu l'onction électorale, devient l'un des quatre
cent cinquante-neuf maîtres de la France. Inscrit au livre d'or de
cette oligarchie éphémère, de cette aristocratie à bail de deux,
trois ou quatre ans, il se hâte d'en mettre à profit toutes les prérogatives. Il en usera d'abord pour consolider sa position, remplir ses promesses et s'assurer de nouveau les suffrages des syn-
dics électoraux; faveurs, emplois, avancement, honneurs, rien ne
sera accordé que sur sa demande ou son consentement, et le gouvernement lui fournira ainsi la monnaie avec laquelle il parviendra
à s'inféoder la représentation de son arrondissement. Pour lui-
même le mouvement ascendant sera certain et rapide : ami du
ministère, le ministère sera reconnaissant et fera beaucoup pour
lui : homme d'opposition, il se fera craindre, le ministère voudra
le gagner et lui accordera peut-être plus encore. Tel propriétaire
fera rendre des décisions, exécuter des travaux publics qui dou-
bleront la valeur de son bien; tel spéculateur exploitera avec assurance le télégraphe, la bourse, les projets industriels ou fi-
nanciers; tel fabricant ou entrepreneur passera des marchés
aux conditions les plus avantageuses; tel écrivain, admis dans
le sanctuaire d'un journal accrédité, recevra un intérêt dans
le commerce lucratif de l'opinion; tel fonctionnaire obtiendra

un, deux, trois avancemens de faveur, et tel qui n'avait pu réussir dans sa profession sera promu de prime abord à des fonctions opimes : l'avocat surtout (l'avocat est propre à tout), l'avocat fera son chemin à la vapeur : l'un, franchissant d'un bond tous les dégrés de la hiérarchie, parviendra d'emblée aux postes les plus éminens du gouvernement ou de la magistrature ; l'autre deviendra ministre en moins de mois qu'il ne lui eût fallu d'années pour parvenir, par des travaux assidus et un avancement régulier, à la présidence du tribunal de son arrondissement. Voilà pour le héros du premier acte.

Les notables qui ont été les principaux acteurs dans les scènes électorales, qui y ont rempli les rôles de confidens, de grandes utilités, doivent recueillir le prix de leur zèle et de leurs services. L'élu est obligé, en conscience, d'exploiter en leur faveur la position et le crédit qu'il doit à leurs suffrages. Le gouvernement doit à ses fidèles tous les emplois secondaires de la magistrature et de l'administration, et toutes les faveurs locales. Les chefs des oppositions récompenseront les leurs avec la promesse des mêmes avantages pour le jour du triomphe de leur parti ; en attendant, ils exploiteront en leur faveur le crédit que l'on accorde souvent à la crainte plus encore qu'à l'amitié ; dès à présent, ils leur prodigueront les jouissances de l'amour-propre, de la célébrité de province, de la popularité, de la citation avec éloge dans les journaux de la capitale, et les avantages plus substantiels de la confraternité de secte, du crédit, de la clientèle et des monopoles du parti. La plupart de ces notables sont maires, administrateurs des établissemens publics, membres des conseils d'arrondissement ou du conseil général ; ils composeront une petite oligarchie locale qui disposera de tout. Les intérêts *du pays* se trouveront toujours d'accord avec leurs intérêts privés ; toutes les dépenses publiques tourneront d'elles-mêmes à leur profit ; les routes et les chemins passeront tout naturellement devant leur porte ; l'immeuble dont ils voudront se défaire sera précisément celui dont le département, la commune ou l'établissement public auront besoin ; ils formeront, dans leur localité, une chambre au petit pied, devant laquelle les administrateurs s'inclineront, comme font les ministres devant la chambre modèle. Enfin, comme jamais on n'a plus ambitionné les distinctions que depuis le triomphe de l'égalité, tous ces leudes de la féodalité électorale se partageront les honneurs. Le paisible cultivateur, l'industrieux marchand deviendront les chefs de notre milice nationale ; l'éclatante épaulette ornera leur uniforme ; la croix des braves brillera sur la poitrine de l'avoué, du pharmacien, du fabricant de chandelles ; les vétérans de Wagram et les vainqueurs de Mazagran leur porteront les armes !

Quant à vous, vulgaire des électeurs, qui n'avez fait l'office que de simples comparses, élémens indispensables, mais heureusement dociles de toutes les majorités ; vous dont les votes ont créé cette grandeur nouvelle, quelle sera votre récompense? Vous aurez l'honneur d'avoir produit ce nouveau Solon, d'en avoir doté, enrichi votre patrie. Semblables aux soldats qui comptent avec un noble orgueil combien leur régiment a fait de généraux, vous pourrez dire à la France : C'est à nous que vous devez ces grands hommes qui ont tour à tour régi vos destinées; c'est nous qui avons fait tel avocat ministre des finances, tel journaliste ministre des travaux publics, tel négociant ministre des affaires étrangères, tel agronome ambassadeur, tel banquier pair de France, tel médecin préfet, etc.

Et la France, qui dans ces jeux scéniques compose le public payant? La France! elle est la reine de la civilisation, la patrie du peuple le plus judicieux de la terre, comme il en est le plus spirituel et le plus brave. La France est à bon droit orgueilleuse et fière; l'Europe entière a retenti du bruit de ses mille victoires; elle se repose avec confiance sur le patriotisme de ses enfans. La France est libre; elle possède une presse, une tribune affranchies de toute entrave, sources intarissables de lumières et de vérité; elle choisit ses représentans, ses gouvernans, ses ministres; elle fait elle-même ses destinées; que pourrait-elle désirer de plus? Vive la France!

FREESPEAKER.

Imprimerie de Vᵉ DONDEY-DUPRÉ, rue Saint-Louis, 46, au Marais.

www.ingramcontent.com/pod-product-compliance
Lightning Source LLC
LaVergne TN
LVHW012145170726
843503LV00009B/3978